AF291667

Immobilienverkauf Thun

Ihr Leitfaden für einen erfolgreichen
Immobilienverkauf rund um Thun

Stephan Schenk – Schenk Immobilien Bern GmbH

Inhaltsverzeichnis

1 Vorwort

Liebe Leserinnen,
Lieber Leser,

Seit mehr als 20 Jahren begleite ich nun Immobilienbesitzer sowie zukünftige Käufer dabei, die passenden Entscheidungen für ihre Immobilien zu treffen und diese umzusetzen.

Vermutlich haben Sie sich dafür entschieden, diesen Ratgeber zu lesen, weil Sie gerade mit dem Gedanken spielen, Ihr Haus zu verkaufen. Vielleicht sind Sie sich auch schon sicher, ob ein Verkauf die beste Lösung ist. Vielleicht wollen Sie in diesem Ratgeber erfahren, wie ein Hausverkauf überhaupt abläuft. Oder Sie sind wegen der nützlichen Checklisten und Expertentipps hier. Egal, weshalb Sie sich dazu entschieden haben, sich auf diese Weise mit dem Thema Immobilienverkauf auseinanderzusetzen, Sie haben den ersten Schritt bereits getan.

Ich habe diesen Ratgeber entwickelt, um Ihnen so viele Antworten wie möglich auf Ihre offenen Fragen zu geben. Ich gebe Ihnen hier einen Überblick über die wichtigsten Massnahmen beim Immobilienverkauf, Klarheit über rechtliche Zusammenhänge und eine Orientierungshilfe für Ihre Entscheidungen.

Die nachfolgenden Inhalte beziehen sich im Speziellen auf die Region rund um Thun, sind aber zu grossen Teilen auch auf andere Regionen anwendbar.

Leider kann selbst der beste Ratgeber nicht jeden Einzelfall zufriedenstellend lösen. Sollten Sie daher ein Anliegen haben, das über den Inhalt dieses Ratgebers hinausgeht, zögern Sie bitte nicht, mich zu kontaktieren. Mein breites Netzwerk aus Notaren, Anwälten, Steuerberatern und ich sind für Sie da und unterstützen Sie.

Ich bedanke mich für Ihr Vertrauen und wünsche Ihnen viele aufschlussreiche Momente beim Lesen des Ratgebers.

Ihr Stephan Schenk
Schenk Immobilien Bern GmbH

2 Der Weg zum erfolgreichen Immobilienverkauf

Mir werden in meinem Berufsalltag häufig Fragen wie diese gestellt: Gibt es einen idealen Zeitpunkt zum Immobilienverkauf? Welche steuerlichen Aspekte sind zu beachten? Wie können wir uns sicher sein, dass es die richtige Entscheidung ist, zu verkaufen?

Wenn Sie sich auch diese Fragen stellen, kann ich Sie erst einmal beruhigen. Ich werde diese Themen im folgenden Kapitel ausführlich beleuchten. Am wichtigsten ist, dass Sie sich vor einer Entscheidung ausreichend informieren, um nicht später eine böse Überraschung zu erleben. Wenn Sie Ihre Entscheidung dann nach reichlichen Überlegungen und unter Berücksichtigung aller Aspekte getroffen haben, kann ein Verkauf durchaus ein positiver Schritt für Sie sein.

2.1 Der Mythos mit dem richtigen Verkaufszeitpunkt

Wie erfolgreich ein Immobilienverkauf abgeschlossen werden kann, ist unter anderem vom richtigen Timing abhängig. Doch wann genau ist ein guter Verkaufszeitpunkt, gemessen am Immobilienmarkt und Ihren individuellen Lebensumständen? Und gibt es den perfekten Verkaufszeitpunkt überhaupt, oder ist dies lediglich ein hartnäckiger Mythos?

Welche Rolle spielt der aktuelle Markt?

Der aktuelle Immobilienmarkt ist einer der grössten Faktoren, die beeinflussen, ob ein Verkaufszeitpunkt günstig ist oder nicht.

Tiefe Hypothekarzinssätze locken beispielsweise mehr Käufer mit einem höheren Budget an. So war es vielen Menschen, als die zehnjährigen Hypotheken unter 1 % fielen, egal, ob sie 50.000 CHF mehr ausgaben. Rechnerisch gesehen haben diese 50.000 CHF lediglich 500 CHF mehr jährlich ausgemacht, weshalb die Menschen bereit waren, mehr für den Kauf ihrer Immobilie zu investieren. Sind die Hypothekarzinssätze allerdings hoch, muss der Käufer während seiner Finanzierung langfristig mehr Geld für Zinsen ausgeben und ist deswegen darauf angewiesen, beim Kaufpreis der Immobilie tiefer anzusetzen oder stark nachzuverhandeln.

Auch die geopolitische Situation hat einen signifikanten Einfluss auf den Immobilienmarkt. So wirken sich Grossereignisse wie Pandemien oder Kriege einerseits kurzfristig auf dem Markt aus, da die Menschen unsicher sind, wie sich die Geschehnisse entwickeln werden und daher vorerst weniger bereit sind, lebensverändernde Investitionen zu tätigen. Andererseits existieren auch langfristige Auswirkungen, wie ein Abschwung der Wirtschaft oder eine Inflationserhöhung. Aufgrund dieser Veränderungen steht den Menschen möglicherweise weniger Geld zum Kauf eines Hauses zur Verfügung.

Sollte die individuelle Situation es hergeben, ist es also ratsam, den Immobilienmarkt im Auge zu behalten und in Phasen einer hohen Nachfrage zu verkaufen.

Verkaufszeitpunkt für individuelle Lebenssituationen beleuchten

Neben vielerlei objektiven Faktoren hängt der richtige Verkaufszeitpunkt hauptsächlich von der individuellen Lebenssituation des Verkäufers ab. Da es im Leben solche Situationen gibt, die geplant werden können und solche, die es nicht können, ist das richtige Verkaufstiming nicht selten ein Drahtseilakt.

Zu den Situationen, die Sie planen können und sogar sollten, zählt unter anderem das Alter. Es kann sinnvoll sein, das Haus im Alter von 60–70 Jahren zu verkaufen, wenn man noch fit ist und den Umzug eigenständig bewältigen kann. Wartet man hingegen bis ins hohe Alter und verkauft erst mit 80 Jahren aufgrund gesundheitlicher Beschwerden, kann dies den Prozess erheblich erschweren.

Zudem können Sie durch einen frühzeitigen Verkauf das dadurch erhaltene Kapital nach Belieben einsetzen, zum Beispiel um sich die Träume zu erfüllen, für die Sie vor dem Ruhestand nicht genügend Zeit oder Geld erübrigen konnten.

Auch weniger vorhersehbare Situationen wie eine Scheidung oder ein unerwartetes Immobilienerbe können Gründe für einen Immobilienverkauf sein. Hierbei sind häufig nicht die zeitlichen Ressourcen vorhanden, den perfekten Verkaufszeitpunkt abzuwarten. Gerade bei diesen Umständen ist es empfehlenswert, sich an eine Person vom Fach zu wenden. Denn all die Informationen, die Sie benötigen und all die rechtlichen Fallstricke, die es zu vermeiden gilt, sind schwer in nur kurzer Zeit in Eigenregie recherchierbar. Diesem Problem möchte ich mit diesem Ratgeber entgegenwirken.

Gibt es den perfekten Zeitpunkt überhaupt?

Diese Frage lässt sich nicht pauschal beantworten, da der beste Zeitpunkt zum Verkauf oft von persönlichen Erwartungen und Lebensumständen abhängt.

Und auch, wenn äussere Einflüsse den Verkaufserfolg immer in unterschiedlicher Art, Weise und Intensität beeinflussen, ist es dennoch besser, den Verkauf nicht über Jahre oder Jahrzehnte aufzuschieben, nur weil der perfekte Zeitpunkt noch nicht ganz da zu sein scheint.

Ich kann an dieser Stelle nur wiederholt erwähnen, dass Informationen beim Immobilienverkauf essenziell sind. Ein Beispiel hierfür ist die Grundstückgewinnsteuer im Kanton Bern, zu dem die Region Thun zählt. Wenn Sie Ihre Liegenschaft vor 26 Jahren und 9 Monaten gekauft haben, kann es sinnvoll sein, noch drei Monate bis zur Eigentumsübertragung zu warten, um ein vollständiges 27. Jahr zu erreichen und dadurch 2 % mehr steuerfreien Grundstücksgewinn zu erzielen.

2.2   Klar „Ja" sagen können

Ein Immobilienverkauf ist eine immense Entscheidung, die mit Aufwand, aber auch mit langfristigen Vorteilen verbunden ist. Daher ist es umso wichtiger, dass Sie sich bei dieser Entscheidung absolut sicher sind und diese mit einem klaren „Ja" treffen können.

Sollten Sie sich aktuell jedoch noch nicht hundertprozentig sicher sein, dass und wann Sie Ihre Immobilie verkaufen möchten, dann lassen Sie sich gesagt sein, dass dies völlig normal ist.

Sie lesen höchstwahrscheinlich gerade diesen Ratgeber, weil Sie so viele Informationen wie möglich erlangen wollen, um einen Immobilienverkauf abzuwägen. Mein Team von Schenk Immobilien Bern und ich verstehen, dass dies ein schwieriger Prozess ist, da sowohl wirtschaftliche als auch emotionale Aspekte damit verbunden sind.

Wenn dieser Schritt zu belastend für Sie werden sollte, dann wenden Sie sich gerne an uns. Unsere Dienstleistungen sind darauf ausgerichtet, Sie zu unterstützen und den Verkauf so reibungslos wie möglich zu gestalten. Dabei respektieren wir die einzigartigen Geschichten und Erinnerungen, die Ihr Zuhause geprägt haben.

2.3 Mit diesen Fragen stellen Sie fest, ob ein Verkauf für Sie sinnvoll ist.

Wie genau können Sie feststellen, ob ein Verkauf in Ihrer persönlichen Situation eine sinnvolle Lösung darstellt? Im Folgenden finden Sie eine Zusammenfassung von ausschlaggebenden Fragen, die Ihnen bei der Entscheidungsfindung behilflich sein können. Die Fragen beschäftigen sich hauptsächlich mit Ihren Finanzen, Verpflichtungen und persönlichen Bedürfnissen.

Der finanzielle Aspekt

Wie würde sich der Verkauf auf Ihre finanzielle Situation auswirken? Welche kurz- und langfristigen finanziellen Ziele können Sie durch den Verkauf erreichen?

Der Verkauf Ihrer Immobilie kann eine erhebliche finanzielle Entlastung bedeuten. Das Geld, das vor dem Verkauf in die Hypothek, Nebenkosten, Reparaturen, Versicherungen, Steuern und mehr geflossen ist, eröffnet Ihnen nach dem Verkauf vollkommen neue Möglichkeiten.

Ob das Abzahlen von Schulden, das Bilden von Rücklagen oder das Erfüllen von langgehegten Träumen. Dank des Erlöses des Immobilienverkaufs sowie der spürbaren Verringerung Ihrer monatlichen Ausgaben kann ein Verkauf dazu beitragen, Ihre finanzielle Situation zu stabilisieren und Ihnen mehr Flexibilität für zukünftige Projekte und Investitionen zu bieten.

Die Befreiung von Verpflichtungen

Haben Sie viele Verpflichtungen durch den Besitz Ihrer Immobilie? Würde ein Verkauf Sie signifikant entlasten? Ein Immobilienverkauf kann ein Befreiungsschlag sein. Denn Sie werden sowohl von den finanziellen als auch von allen anderen Verpflichtungen befreit. Die Verpflichtungen eines Hausbesitzers gehen oftmals weit über die finanzielle Gebundenheit hinaus.

Jeder Eigentümer definiert seine zusätzlichen „Pflichten" zwar ein wenig anders, jedoch sind auch die Bemühungen um Termine mit Handwerkern, die Bewahrung eines gepflegten äusseren Erscheinungsbildes der Immobilie und die Sorge um Schäden wie auch Präventionsmassnahmen bei Stürmen, Fluten oder Tierbefall stark belastend für die Besitzer. Der Wegfall all dieser Sorgen und Verpflichtungen gibt Ihnen mehr Zeit und Energie für andere Lebensbereiche.

Persönliche Bedürfnisse und Freiheit

Passt Ihre aktuelle Wohnsituation noch zu Ihren Lebensumständen und - zielen? Wären Sie flexibler und freier ohne die Bindung an Ihre Immobilie?

Ein Immobilienverkauf kann dazu beitragen, Ihnen eine gänzlich neue Freiheit zu schenken. Stellen Sie sich vor, Sie könnten ohne die Bindung an ein festes Grundstück einfach umziehen und Ihren Wohnort den aktuellen Bedürfnissen und Wünschen anpassen. Vielleicht träumen Sie davon, in eine lebendige Stadt zu ziehen, die Ihnen berufliche Chancen bietet, oder Sie möchten in der Nähe Ihrer Familie sein, um mehr Zeit mit Ihren Liebsten zu verbringen. Vielleicht haben Sie auch einen ganz anderen Wunsch, den Sie sich nun erfüllen können.

Ohne die Verpflichtung, an einer Immobilie festzuhalten, können Sie spontane Entscheidungen treffen und sich schneller an Veränderungen in Ihrem Leben anpassen.

Diese Flexibilität ermöglicht es Ihnen, Ihre Wohnsituation neu zu gestalten und Ihr Leben nach Ihren Vorstellungen zu leben. Wollen Sie ein Jahr im Ausland arbeiten? Kein Problem. Möchten Sie in eine kleinere, gemütlichere Wohnung ziehen, weil die Kinder ausgezogen sind? Tun Sie es.

Die Freiheit, die durch den Verkauf Ihrer Immobilie entsteht, kann Ihnen den Raum geben, neue Abenteuer zu erleben und Ihre Lebensziele ohne Einschränkungen zu verfolgen.

EXPERTEN-TIPP:

„Sind Sie noch unsicher? Ein erfahrener Immobilienmakler kann Ihnen dabei helfen, Ihre Bedenken und Fragen zu klären, damit Sie eine gut fundierte Entscheidung treffen können. Gerne helfen wir Ihnen dabei. Vereinbaren Sie ein kostenloses und unverbindliches Erstgespräch telefonisch, unter 031 503 11 99, oder per Mail an kontakt@schenk-immo.ch."

2.4   Die 5 Hauptgründe für einen Verkauf

Es gibt unzählige Situationen im Leben, die eine Veränderung erfordern. Diese Veränderung kann unter Umständen der Verkauf der eigenen Immobilie sein. Wenn Sie überlegen, Ihre Immobilie zu verkaufen – sei es aufgrund einer Erbschaft, einer Scheidung oder Trennung, um Ihre Wohnsituation im Alter anzupassen, mehr Platz zu schaffen, weil Sie einen anderen Standort bevorzugen oder aus einem völlig anderen Grund – stehen Ihnen verschiedene Optionen zur Verfügung. Wichtig ist dabei immer festzustellen, welcher Zeitrahmen zur Verfügung steht und auf welche Voraussetzungen besonders geachtet werden sollte.

1.   Immobilie geerbt

Sie haben eine Immobilie geerbt und stehen vor emotionalen, finanziellen und rechtlichen Herausforderungen? Viele Menschen entscheiden sich dann, eine geerbte Immobilie, die sie nicht selbst nutzen wollen, zu verkaufen. Sei es, um finanzielle Belastungen zu reduzieren oder Streitigkeiten mit anderen Erben zu vermeiden. Ob dies auch für Sie der passende Schritt ist, kommt stark auf Ihre individuelle Situation an.

2.   Verkauf wegen Scheidung oder Trennung

Wenn der gemeinsame Weg sich trennt, kommt schnell die Frage auf, was nun mit der zusammen genutzten Immobilie geschieht. Hier ist ein weiterer Hauptgrund für einen Immobilienverkauf zu finden.

Ob finanzielle Vermögenswerte gerecht aufgeteilt oder ein Neuanfang ermöglicht werden soll, beides ist durch den Verkauf der Immobilie möglich. Allerdings ist es von grosser Bedeutung, sich im Vorhinein über bestimmte rechtliche Gegebenheiten im Klaren zu sein. Wie sind die Eigentumsverhältnisse? Stehen beide Parteien im Grundbuch oder nur eine? Wie wurde die Finanzierung gestaltet? Welche Partei zahlt wie viel? Und existiert ein Ehevertrag, der besondere Konditionen im Fall einer Scheidung festlegt?

3. Wohnsituation im Alter

Im Alter ändern sich oft die Bedürfnisse und Anforderungen an die Wohnsituation. Und auch, wenn es schwierig sein kann, das jahre-, wenn nicht sogar das jahrzehntelange Zuhause zu verlassen und damit eventuell einen Teil Unabhängigkeit einzubüssen, so ergeben sich dennoch oftmals Umstände, die dies unvermeidlich werden lassen. Die geliebte Immobilie im Alter zu verkaufen, kann aber auch Vorteile haben. Sie können in eine Wohnoption wechseln, die Ihren Bedürfnissen besser entspricht. Ob dies der Einzug in eine kleinere Wohnung oder die Entscheidung für eine barrierefreie oder betreute Wohnform ist, die Sie finanziell und körperlich entsprechend entlastet, liegt ganz bei Ihnen. Ein solcher Schritt kann die Lebensqualität erheblich verbessern und die täglichen Herausforderungen reduzieren.

4.   Auswandern

Der Wunsch, ins Ausland zu ziehen, sei es aus beruflichen, familiären oder persönlichen Gründen, kann ebenfalls einen Anlass für den Immobilienverkauf darstellen. Durch den Verkauf können nicht nur die Verpflichtungen, die im Heimatland zurückbleiben, minimiert, sondern auch finanzielle Mittel für den Umzug mobilisiert werden. Diese können dann dazu beitragen, die Integration in ein neues Land zu vereinfachen und finanzielle Sorgen beim Übergang zu verringern.

5.   Platzbedarf oder Standortpräferenz

Nicht jede Immobilie passt zu jeder Lebenssituation. So kann es sein, dass Sie sich aufgrund von Familienzuwachs oder dem Auszug der Kinder vergrössern oder verkleinern möchten. Auch gehen nicht alle Standorte einer Immobilie mit denselben Möglichkeiten und Chancen einher. Dass der Wunsch nach einer besseren Lebensqualität an einem anderen Standort oder einer Immobilie, die besser zu den individuellen Bedürfnissen passt, besteht, führt häufig zum Verkauf der nicht mehr situationsgerechten Immobilie.

EXPERTEN-TIPP:

„Für weitere Informationen zu diesen Themen bieten wir von Schenk Immobilien Bern kostenlose Ratgeber zum Download oder in physischer Form auf unserer Website www.schenk-immo.ch/immobilienmakler-thun/ an, die diese Themen näher beleuchten und Ihnen wertvolle Tipps und Ratschläge für Ihre individuelle Situation geben."

3 Vorbereitung auf den Verkauf: Optionen und Entscheidungen

Klarheit und Entscheidungssicherheit sind das A und O im Immobilienverkauf. Gleichzeitig spielen in den Immobilienverkauf häufig viele Emotionen hinein. Umso wichtiger ist es, sich im Vorfeld ausreichend zu informieren und keine Entscheidung aus dem Bauch heraus zu treffen.

Ein Immobilienverkauf ist ein umfassendes Projekt, bei dem auch finanzielle und rechtliche Gegebenheiten beachtet werden müssen. Fragen wie: „Wenn ich verkaufe, wie gehe ich vor? Soll ich meine Immobilie mit einem Profi oder alleine verkaufen? Welche Rolle spielt der Zeitfaktor in Bezug auf meinen Immobilienverkauf?", werde ich Ihnen im folgenden Kapitel beantworten.

3.1   Wenn ich verkaufe, wie gehe ich vor?

Wenn Sie sich entschieden haben, Ihre Immobilie zu verkaufen, ist der erste Schritt, eine verlässliche Immobilienbewertung einzuholen.

Um sich einen groben Überblick zu verschaffen, kann es hilfreich sein, eine Online-Immobilienbewertung durchzuführen. Hierbei können Sie bequem von Zuhause aus wichtige Eckdaten zu Ihrer Immobilie in ein Online-Formular eingeben und erhalten dann eine Immobilienbewertung per E-Mail zugeschickt. Da diese Bewertung lediglich auf standardisierten Vorgaben basiert und keine ausschlaggebenden Details erfassen kann, ist sie relativ ungenau und dient höchstens als Anhaltspunkt.

Um eine wirklich valide Immobilienbewertung zu erhalten, ist es nötig, einen Immobilienexperten zu konsultieren. Wir von Schenk Immobilien Bern haben uns auf den Immobilienverkauf spezialisiert und setzen alles daran, für unsere Kunden den optimalen Preis zu erzielen. Dabei verlassen wir uns nicht auf die oft konservativen Bewertungen von Banken oder ähnlichen Instituten. Wir setzen auf die hedonische Methode, welche ein anerkanntes Wertermittlungsverfahren ist, um den tatsächlichen Marktwert Ihrer Immobilie zu ermitteln.

Das Konzept der hedonischen Methode basiert auf dem Vergleichswertverfahren. Hierbei wird der potenzielle Verkaufspreis Ihrer Immobilie mit den Preisen vergleichbarer Häuser in der Umgebung abgeglichen. Diese Methode ermöglicht es uns, eine präzise und marktorientierte Bewertung vorzunehmen, die reale Verkaufsdaten einbezieht.

Schenk Immobilien Bern steht Ihnen mit Rat und Tat zur Seite. Lassen Sie Ihre Immobilie kostenlos und unverbindlich von uns bewerten unter www.schenk-immo.ch/immobilienbewertung – vielleicht ist Ihre Immobilie mehr wert, als Sie denken!

3.2   Steuerliche Aspekte verstehen

Vor dem Thema Steuern schrecken viele angehende Immobilienverkäufer zurück, weil sie es mit Undurchsichtigkeit und nur schwer verständlichem "Behördendeutsch" assoziieren. Wenn man allerdings weiss, auf welche Faktoren es ankommt, ist die Steuer im Immobilienbereich auch für Laien verständlich und planbar.

Eine der wichtigsten Steueraspekte, die es beim Verkauf einer Immobilie in der Schweiz zu berücksichtigen gilt, ist die Grundstückgewinnsteuer.

Die Grundstückgewinnsteuer wird auf den Gewinn erhoben, der beim Verkauf einer Immobilie erzielt wird.

Dieser Gewinn berechnet sich aus der Differenz zwischen dem Verkaufspreis und den ursprünglichen Anschaffungskosten, abzüglich der nachgewiesenen Aufwendungen für wertvermehrende Investitionen. Die Steuer ist kantonal geregelt, sodass die genauen Steuersätze und Bedingungen je nach Kanton unterschiedlich sind.

In der Regel ist die Steuer umso niedriger, je länger Sie die Immobilie besessen haben. Verkaufen Sie Ihre frisch erworbene Immobilie nach kurzer Zeit wieder, ist die Grundstückgewinnsteuer höher. In einigen Kantonen wird auch ein Zuschlag erhoben, falls sie die Liegenschaft in den ersten fünf Jahren mit Gewinn wieder verkaufen. Dies ist unter anderem im Kanton Bern und somit auch der Region Thun entsprechend geregelt.

Um zu erfahren, welche Regelungen für Ihre Immobilie gelten, informieren Sie sich am besten bei einem Immobilienmakler Ihrer Region. Auch wir von Schenk Immobilien Bern helfen Ihnen gerne weiter. Kontaktieren Sie mich bei Fragen einfach unter: kontakt@schenk-immo.ch oder 031 503 11 99.

Gibt es steuerliche Fallstricke oder Risiken, die man beim Immobilienverkauf beachten sollte?

Hinweis:

Um die Grundstückgewinnsteuer zu minimieren, ist es wichtig, alle wertvermehrenden Investitionen belegen zu können. Es ist daher essenziell, dass Sie die Quittungen bis zum Verkauf der Liegenschaft aufbewahren.

Diese können beispielsweise von folgenden Investitionen sein: Einbau einer Sauna, Ausbau des Dachgeschosses, Einbau einer zusätzlichen Nasszelle, ein Schwedenofen usw. Hierzu zählt fast alles, was beim Kauf noch nicht vorhanden war. Eine neue Küche wird allerdings normalerweise nicht akzeptiert, da diese zum Unterhalt geordnet wird. Ebenso können Sie die Kosten des Maklers beim Verkauf und die Handänderungskosten beim damaligen Kauf anrechnen lassen.

3.3   Mit einem Profi oder alleine?

Wenn Sie sich entschieden haben, Ihre Immobilie zu verkaufen, stehen Sie vor der grundlegenden Frage: Möchten Sie den Verkauf mit der Unterstützung eines Profis durchführen oder ihn eigenständig in die Hand nehmen? Beide Optionen erfordern ein unterschiedliches Vorgehen, welches sorgfältig abzuwägen gilt.

Der private Verkauf einer Immobilie kann eine attraktive Option sein, um die Maklerprovision zu sparen. Doch das bedeutet auch, dass Sie den kompletten Prozess des Immobilienverkaufs selbst führen. Von der Immobilienbewertung über die Vermarktung bis zur Vertragsabwicklung, Sie kümmern sich um alle anfallenden Notwendigkeiten. Daher ist bei einem privaten Immobilienverkauf eine gründliche Vorbereitung essenziell. Bei dieser sollten Sie hauptsächlich folgende Aspekte berücksichtigen:

- die Auseinandersetzung mit dem aktuellen Immobilienmarkt, um ein Gespür für die Preise, die Vermarktung, das Angebot wie auch die Nachfrage zu entwickeln.

- eine realistische Bewertung Ihrer Immobilie erstellen.

- die attraktive Präsentation Ihrer Immobilie, um den Wert der Immobilie darzustellen und mögliche Interessen auf das Objekt aufmerksam zu machen.

- der Kontakt zu potenziellen Interessenten. Sie müssen für die Interessenten stets erreichbar sein, Anfragen durchsehen und diese beantworten. Zudem führen Sie die Besichtigungen durch und überprüfen die Käufer.

- die Möglichkeit von Betrugsmaschen besteht leider kategorisch immer. Sie sollten entsprechende Massnahmen ergreifen, um sich und Ihre Immobilie zu schützen.

- einen ausreichenden Abstand zum Objekt, denn nur, wenn Sie nicht zu emotional an das Thema Verkauf herangehen, können Sie objektiv die bestmöglichen Entscheidungen treffen.

Der Verkauf mit einem Immobilienexperten ermöglicht es Ihnen, sich zurückzunehmen und den Experten alle nötigen Angelegenheiten regeln zu lassen. Dank umfassender Fachkenntnisse und langjähriger Erfahrung auf dem Immobilienmarkt kann ein Makler Sie kompetent durch den Verkaufsprozess begleiten. Er kennt die lokalen Gegebenheiten, Trends und Preise, was Ihnen hilft, den bestmöglichen Verkaufspreis zu erzielen.

Zudem übernimmt der Makler alle administrativen Aufgaben, wie die Erstellung von Exposés, die Organisation von Besichtigungsterminen und die Abwicklung der Verträge. Ihre Immobilie wird professionell präsentiert und Sie erhalten wertvolle Unterstützung bei der Verhandlung mit potenziellen Käufern.

Die Entscheidung für oder gegen die Zusammenarbeit mit einem Immobilienprofi hängt von verschiedenen Faktoren ab, darunter Ihre persönlichen Zeitressourcen, Fachkenntnisse und Ihre Bereitschaft, den Verkaufsprozess eigenständig zu managen.

In jedem Fall ist es wichtig, die Vor- und Nachteile abzuwägen und eine Entscheidung zu treffen, die Ihren individuellen Bedürfnissen und Zielen entspricht.

Im weiteren Verlauf dieses Ratgebers werde ich in Kapitel 4 und 5 vertieft auf den privaten Verkauf und den Verkauf mit einem Experten eingehen. Dort erhalten Sie alle wichtigen Informationen, die Sie für eine fundierte Entscheidung benötigen.

3.4   Der Faktor Zeit

Wann genau ist ein guter Zeitpunkt, um eine Immobilie zu verkaufen? Ist es besser, so früh wie möglich den Verkaufsprozess zu beginnen? Das kommt ganz darauf an, wie schnell Sie Ihre Immobilie verkaufen möchten. Idealerweise sollten Sie 10 bis 15 Monate Zeit einplanen, bevor Sie Ihre Immobilie auf dem Markt zum Verkauf anbieten. So haben Sie ausreichend Zeit, um Ihre Immobilie vorzubereiten, potenzielle Verbesserungen vorzunehmen und eine effektive Vermarktungsstrategie zu entwickeln.

Wenn Sie sich für den Verkauf mit einem Makler entscheiden, sollten Sie frühzeitig mit der Suche nach einem geeigneten Experten beginnen. Möchten Sie privat verkaufen und Ihre Immobilie bereits früher inserieren, empfiehlt es sich, schon im Inserat die Verfügbarkeit der Immobilie zu erwähnen, damit potenzielle Käufer frühzeitig planen und ihr Interesse festigen können.

4 Der private Verkauf

Ihre Immobilie, Ihr Verkauf. Eine Immobilie selbstständig zu verkaufen bedeutet, die Kontrolle über jeden Schritt des Verkaufsprozesses zu haben. Sie erhalten die Gelegenheit, den Verkauf ganz nach Ihren Vorstellungen zu gestalten und einen Käufer auszuwählen, der Ihre Erinnerungen mit der Immobilie respektiert sowie die Immobilie mit ähnlichen Werten weiter nutzt und verwaltet.

Dennoch kommen bei einem privaten Verkauf einige Herausforderungen auf Sie zu, denen Sie sich bewusst werden sollten, bevor Sie sich für einen Privatverkauf entscheiden.

4.1   Herausforderungen beim Verkauf auf eigene Faust

Beim Verkauf Ihrer Immobilie können einige Herausforderungen auftreten, die Sie beachten sollten. Hier sind einige Ratschläge, um diese Hürden erfolgreich zu meistern:

- **Verstehen Sie den Markt:** Ohne tiefere Kenntnisse des lokalen Immobilienmarkts und der aktuellen Trends ist es schwierig, den richtigen Verkaufspreis zu ermitteln. Investieren Sie Zeit in die Marktanalyse oder ziehen Sie einen Experten hinzu.
- **Sichern Sie Ihre Privatsphäre:** Die Bewahrung Ihrer Privatsphäre während der Besichtigungen ist wichtig. Planen Sie die Besichtigungstermine sorgfältig und achten Sie darauf, nicht zu viele persönliche Informationen preiszugeben.
- **Gehen Sie richtig mit Formalitäten um:** Alle rechtlichen Dokumente und Bestimmungen müssen korrekt erledigt werden. Das kann zeitaufwendig und kompliziert sein. Ein Notar, Anwalt oder erfahrener Immobilienmakler kann Ihnen dabei helfen, potenzielle Haftungsrisiken zu vermeiden.
- **Vermarkten Sie effektiv:** Die optimale Vermarktung Ihrer Immobilie erfordert zeitliche Ressourcen sowie ein Gefühl für den Markt. Nutzen Sie hochwertige Fotos und ansprechende Beschreibungen, um potenzielle Käufer zu erreichen.

- **Bereiten Sie sich auf Verhandlungen vor:** Der Umgang mit potenziellen Käufern und deren Verhandlungsstrategien kann herausfordernd sein. Seien Sie gut vorbereitet und kennen Sie Ihre Schmerzgrenze, um erfolgreich zu verhandeln.

- **Bleiben Sie emotional stabil:** Der Verkaufsprozess kann emotional belastend sein. Versuchen Sie, ruhig und objektiv zu bleiben, um klare Entscheidungen treffen zu können.

Diese Ratschläge sollen Ihnen helfen, den Verkaufsprozess reibungsloser zu gestalten und potenzielle Stolpersteine zu umgehen.

4.1.1 Risiken von Betrug und unerwünschten Anrufen

Das Risiko, bei einem Privatverkauf Betrugsmaschen aufzusitzen oder von potenziellen Interessenten geradezu belästigt zu werden, ist ungemein höher als bei einem Verkauf, der von einem Makler geregelt wird und Sie somit kaum Kontakt zu den Interessenten pflegen.

Betrug ist in der Immobilienbranche leider keine Seltenheit. Immer wieder versuchen unseriöse Interessenten, Sie als Verkäufer auszunutzen, indem sie falsche Identitäten verwenden, gefälschte Zahlungsbelege vorlegen oder versuchen, die Immobilie zu einem deutlich niedrigeren Preis zu erwerben. Es ist daher wichtig, wachsam zu sein und potenzielle Käufer sorgfältig zu überprüfen, bevor Sie persönliche oder finanzielle Informationen preisgeben.

Zusätzlich zu Betrug können private Verkäufer auch mit einer Flut unerwünschter Anrufe und/oder Nachrichten konfrontiert sein. Nach der Veröffentlichung einer Anzeige für Ihre Immobilie werden Sie garantiert zahlreiche Anrufe von Maklern erhalten, die Ihnen das Blaue vom Himmel versprechen. Üblicherweise wird erzählt, man habe bereits einige Interessenten, die genau so ein Objekt wie Ihre Immobilie suchen. Auch Menschen, die nur aus Neugier anrufen oder das entsprechende Budget nicht haben, kosten Sie Zeit und Nerven.

EXPERTEN-TIPP:

„Um sich vor diesen Risiken zu schützen, ist es ratsam, potenzielle Käufer gründlich zu überprüfen, persönliche Informationen nur zurückhaltend preiszugeben und gegebenenfalls eine Filterung der Anrufe einzurichten. Indem Sie sich bewusst über mögliche Betrugsfälle informieren und proaktiv Massnahmen ergreifen, können Sie den Verkaufsprozess sicherer und effizienter gestalten."

4.1.2 Komplexität der rechtlichen Aspekte

Der Verkauf einer Immobilie ist mit vielen rechtlichen Bestimmungen und Anforderungen verbunden. Oftmals erscheinen diese für Privatverkäufer undurchsichtig und anspruchsvoll. Sollten Sie sich für einen privaten Verkauf entscheiden, müssen Sie einen erheblichen Aufwand für die Recherche sowie potenzielle Risiken, falls Ihnen doch ein Fehler unterläuft, in Kauf nehmen. Essenziell bei einem Privatverkauf sind folgende rechtliche Aspekte:

- **Erfüllung der Offenlegungspflichten:** Als Verkäufer sind Sie verpflichtet, potenziellen Käufern alle relevanten Informationen über die Immobilie offenzulegen. Das umfasst Details zu Mängeln, Reparaturen, rechtlichen Belastungen und andere wesentliche Informationen, die den Kaufpreis oder die Kaufentscheidung beeinflussen könnten.
- **Einhaltung von Vertragsbedingungen:** Es ist wichtig, alle Bedingungen des Kaufvertrags genau zu verstehen und einzuhalten. Dies betrifft sowohl Ihre Verpflichtungen als Verkäufer als auch die des Käufers. Ein Notar kann hierbei helfen, sicherzustellen, dass der Vertrag fair und rechtlich bindend ist.

- **Klärung von rechtlichen Fragen im Zusammenhang mit dem Eigentumsübergang:** Der Eigentumsübergang ist ein kritischer Schritt im Verkaufsprozess. Sie müssen sicherstellen, dass alle rechtlichen Aspekte, wie die Übertragung des Eigentumsrechts und die Aktualisierung des Grundbuchs ordnungsgemäss erledigt werden.

- **Beachtung regionaler Gesetze und Bestimmungen:** Immobiliengesetze können regional variieren. Es ist wichtig, sich über die spezifischen Gesetze und Vorschriften in Ihrer Region zu informieren. Dazu gehören Bauvorschriften, Nutzungsrechte und regionale Steuergesetze.

EXPERTEN-TIPP:

„Um die rechtlichen Aspekte zu bewältigen, ist es ratsam, sich frühzeitig über die geltenden Gesetze und Vorschriften zu informieren und gegebenenfalls professionelle rechtliche Beratung in Anspruch zu nehmen."

4.1.3   Zeit- und Arbeitsaufwand des privaten Verkaufs

Wie umfangreich der Verkaufsprozess ausfällt, hängt von Ihrer individuellen Situation, dem Zeitplan sowie den finanziellen Gegebenheiten ab.

Es ist sinnvoll, zuerst mit einer groben Schätzung zu beginnen. Überlegen Sie, wie viel Zeit Sie für die Erstellung von Bildern, Beschreibung, Recherche von Informationen, Kontakt und Verhandlung mit Interessenten sowie den Vertragsabschluss benötigen könnten.

Erfahrungsgemäss macht die Zeit den meisten Immobilienverkäufern einen Strich durch die Rechnung. Denn es gibt einfach zu viele Variablen, die nicht genau eingeschätzt werden können. Tatsächlich kann es durchaus ein Jahr oder länger dauern, bis eine Handänderung abgeschlossen ist.

Wenn Sie sich einen Zeitrahmen von nur 2–3 Monaten setzen, laufen Sie Gefahr, unter Druck eine vorschnelle Entscheidung zu treffen und am Ende deutlich weniger Geld zu erzielen, als Sie beabsichtigt hatten.

Ein zu grosszügiger Zeitraum bringt jedoch auch einige Nachteile mit sich. So sinken mit fortschreitender Internierungszeit die Aufmerksamkeit und das Ansehen Ihrer Immobilie am Markt. Die Interessenten fragen sich, ob mit Ihrer Immobilie womöglich etwas nicht stimmt. Unter diesen Voraussetzungen ist ein Verkauf sehr unwahrscheinlich.

Der Schlüssel ist in diesem Fall eine ausreichende Planung. Schätzen Sie hierbei weniger den Aufwand des grossen Ganzen, sondern schätzen Sie die einzelnen Teilschritte im Verkaufsprozess. So können Sie schon frühzeitig erkennen, in welchen Punkten Sie mehr Zeit einplanen sollten und wo Sie noch gewisse Zeitpuffer einbauen können, um nicht unter Druck zu geraten.

EXPERTEN-TIPP:

„Gestalten Sie den Verkaufsprozess zügig und seien Sie beim Zeitbudget grosszügig. So erhöhen sich Ihre Chancen, einen Top-Preis zu erzielen. Planen Sie zeitlich zu knapp, können Sie schnell unter unnötigen Druck geraten."

4.1.4   Preisgestaltung

Eine konkrete Preisvorstellung für Ihre Immobilie zu entwickeln, ist das A und O, wenn Sie sich entschieden haben, mit Ihrer Immobilie an den Markt zu gehen. Doch nicht nur konkret, sondern auch realistisch muss der Preis sein! Ist der Preis zu hoch, werden potenzielle Käufer abgeschreckt. Ist er wiederum zu niedrig, erhalten Sie als Eigentümer weniger Geld, als möglich gewesen wäre. Beides schmälert Ihre Aussichten auf einen erfolgreichen Verkauf oder Erlös.

Die meisten privaten Verkäufer verfolgen dasselbe Ziel: den maximal möglichen Preis für eine Immobilie zu erzielen und grundsätzlich ist dieser Gedanke auch nicht falsch.

Solange man sich auf eine realistische Immobilienbewertung stützen kann. Wenn Sie impulsiv handeln und den Preis «Handgelenk mal Pi» ansetzen, tun Sie sich keinen Gefallen damit. Immobilienverkäufer beobachten die Marktsituation intensiv über einen längeren Zeitraum, da fällt ein Verkaufspreis, der aus der Reihe tanzt, sofort auf. Im Zeitalter des Internets werden nachträgliche Preisänderungen oft angezeigt und es entsteht der Eindruck, dass mit der Immobilie etwas nicht stimmen könnte.

Aus diesen Gründen ist es essenziell, mit dem richtigen Preis an den Markt zu gehen. Beschäftigen Sie sich dafür selbst mit den Entwicklungen am Markt oder vertrauen Sie auf den Rat eines lokalen Immobilienmaklers.

Sie möchten sich bequem von Zuhause aus einen Überblick über den Wert Ihrer Immobilie verschaffen? Dann nutzen Sie gern unsere kostenlose Online-Immobilienbewertung unter:
www.schenk-immo.ch/immobilienbewertung.

4.1.5   Vermarktung und Präsentation

Ohne Werbung geht es nicht. Sie ist der Schlüssel zum erfolgreichen Verkauf.

Ganz generell: Wer von Ihrer Immobilie nichts weiss, wird sie auch nicht kaufen. Gehen Sie daher auf verschiedene Wege vor und fokussieren Sie sich nicht nur auf eine Vermarktungs- und Werbemöglichkeit. Schalten Sie Anzeigen, inserieren Sie auf verschiedenen Internetplattformen oder nutzen Sie das Schwarze Brett der Firma oder des Supermarkts im Quartier. Es gibt viele Wege, erfolgreich für Ihre Immobilie zu werben. Unternehmen Sie dafür alles erdenklich Mögliche!

Im Grunde ist es wie beim Autoverkauf. Was möchten Sie über das entsprechende Objekt erfahren? Baujahr? Ausstattung? Verbrauch?

Beim Immobilienverkauf ist es nicht anders. Die zentralen Fragen des Interessenten sollten schon in Ihrem Exposé beantwortet werden. Deshalb ist es wichtig, alle Informationen zusammenzutragen, die hierbei hilfreich sind.

Die Erfahrung zeigt, dass gerade eine Lagebeschreibung und aussagekräftige Grundrisse neben Grössenangaben und gewissen Kennzahlen der Immobilie den Verkauf nachweislich fördern.

Zudem können Sie auch schon energetische Angaben machen und den Gebäudeenergieausweis der Kantone (GEAK) beifügen. In den Kantonen Waadt und Freiburg ist ein GEAK-Dokument bereits obligatorisch, im Kanton Bern beispielsweise noch nicht.

Falls Sie sich unsicher sind, ob Ihre Angaben einen umfassenden Eindruck Ihrer Immobilie geben, können Sie auch einen lokalen Immobilienmakler um Hilfe bitten.

4.1.6　Verhandlungsgeschick

Das Verhandlungsgeschick umfasst verschiedene Fähigkeiten und Strategien. Darunter die Fähigkeit, die Bedürfnisse und Motivationen des Käufers zu verstehen, geschickt auf Einwände und Gegenargumente zu reagieren, sowie die Fähigkeit, geschickt zu verhandeln, um eine Einigung zu erzielen, die für beide Seiten akzeptabel ist.

Jeder von uns kennt das schöne Gefühl, einen guten Preis ausgehandelt zu haben. So geht es auch Käufern einer Immobilie, die den Preis noch etwas drücken konnten. Gehen Sie auf die potenzielle Käufergruppe ein und vermarkten Sie Ihre Immobilie mit den richtigen Worten. Und wenn Sie beim Preis einen Verhandlungsspielraum einplanen, kommt dies am Ende beiden Seiten zugute. Denn Sie haben so gesehen keinen Verlust und der Interessent ein Erfolgserlebnis. Kalkulieren Sie den Verhandlungsspielraum jedoch zu gross, macht sich beim Interessenten Skepsis breit, da Ihre Immobilie aus dem Raster fällt.

4.2   Checkliste

Diese praktische Checkliste unterstützt Sie dabei, den Privatverkauf Schritt für Schritt zu managen und dabei kein wichtiges Detail zu vergessen.

- ☐ Legen Sie einen realistischen Zeitrahmen für den Verkaufsprozess fest.
- ☐ Ermitteln Sie einen realistischen Verkaufspreis Ihrer Immobilie.
- ☐ Identifizieren Sie die besonderen Merkmale Ihrer Immobilie, um den richtigen Preis festlegen zu können.
- ☐ Überlegen Sie sich eine Schmerzgrenze und definieren Sie so den Verhandlungsspielraum.
- ☐ Ziehen Sie ein Gutachten in Erwägung.
- ☐ Stellen Sie alle erforderlichen Unterlagen zusammen.
- ☐ Definieren Sie die Zielgruppe für Ihre Immobilie.
- ☐ Erstellen Sie hochwertige Fotos.
- ☐ Entwickeln Sie eine Vermarktungsstrategie. Wo möchten Sie Ihre Immobilie inserieren? Wie möchten Sie Ihre Immobilie präsentieren?
- ☐ Verfassen Sie einen ansprechenden, aber realistischen Anzeigentext.
- ☐ Stellen Sie sicher, dass Sie für potenzielle Interessenten erreichbar sind.
- ☐ Bereiten Sie sich sorgfältig auf den Verkaufsprozess vor.
- ☐ Planen Sie ausreichend Zeit für den Verkaufsprozess ein.
- ☐ Klären Sie alle rechtlichen Aspekte im Vorfeld.
- ☐ Organisieren Sie Besichtigungen für potenzielle Käufer.

☐ Führen Sie Preisverhandlungen durch. Überlegen Sie dazu, ob Sie mit einem Festpreis oder einer Verhandlungsbasis arbeiten möchten.

☐ Lassen Sie die Verträge von einem Experten überprüfen.

☐ Bereiten Sie den Abschluss des Verkaufs vor.

Haben Sie noch Fragen? Kommen Sie gerne auf mich zu!

📞 031 503 11 99

✉ kontakt@schenk-immo.ch

Ihr Stephan Schenk

5   Der Verkauf mit einem Profi

Der private Verkauf scheint nicht die passende Option für Ihre individuelle
Situation zu sein?

Dann haben Sie die Möglichkeit, den Verkauf Ihrer Immobilie in die Hände
eines Experten zu legen. Ein erfahrener Immobilienmakler bietet Ihnen eine
enorme Entlastung der Verkaufsthematik. Ob es Ihnen an Zeit, Fachwissen
oder technischen Möglichkeiten fehlt, mit einem Profi an Ihrer Seite können
Sie auf die Unterstützung zählen, die Sie benötigen.

Umfassendes Marktverständnis:

Ein besonderer Vorteil, den der Verkauf mit einem Experten mit sich bringt, ist das Fachwissen. Wie viel ist die Immobilie genau wert? Wie kann sie am besten vermarktet werden? Welche steuerrechtlichen Regelungen gelten in der Region? Wie sieht die Angebots- und Nachfragesituation aktuell aus? All das sind Fragen, die Ihnen ein erfahrener Immobilienmakler dank seiner tiefgreifenden Branchenkenntnisse schnell und exakt beantworten kann.

Zeitersparnis:

Die Zeit, die Sie durch die Zusammenarbeit mit einem Makler sparen, kann erheblich sein. Vom ersten Kontakt mit Interessenten bis zur endgültigen Vertragsunterzeichnung übernimmt der Makler alle notwendigen Schritte und hält Sie dabei stets auf dem Laufenden. Diese Effizienz ermöglicht es Ihnen, Ihre Zeit sinnvoller zu nutzen und sich auf Ihre Kernaufgaben zu konzentrieren.

Professionelle Vermarktung:

Ein Makler verfügt über die Ressourcen und das Know-how, um Ihre Immobilie optimal zu vermarkten. Dies umfasst professionelle Fotografien, ansprechende Exposés und gezielte Werbekampagnen, die potenzielle Käufer ansprechen. Durch diese Massnahmen wird Ihre Immobilie bestmöglich präsentiert und die Chancen auf einen schnellen und erfolgreichen Verkauf erhöht.

Bestehendes Netzwerk:

Maklerinnen und Makler haben meistens einen festen Kundenstamm, auf den sie zurückgreifen können, um zusätzliche potenzielle Käufer für Ihre Immobilie zu finden. Auch Notare, Steuerberater und Bausachverständige stehen oft mit Immobilienmaklern in engem Kontakt, wodurch Sie nicht für jedes Anliegen einen separaten Experten aufsuchen müssen.

Emotionale Distanz:

Eine Fachperson bringt eine notwendige Distanz zum Objekt mit, was objektive Entscheidungen erleichtert und Ihnen als Verkäufer eine neue Perspektive auf die Situation ermöglicht.

Entlastung im Verkaufsprozess:

Die Maklerin oder der Makler übernimmt einen Grossteil der Aufgaben im Verkaufsprozess, sodass Sie sich auf andere Bereiche Ihres Lebens konzentrieren können.

Verhandlungsgeschick:

Ein erfahrener Makler bringt natürlich auch das nötige Verhandlungsgeschick mit, um den bestmöglichen Preis für Ihre Immobilie zu erzielen. Durch seine Erfahrung und Marktkenntnis kann der Makler effektiv mit potenziellen Käufern verhandeln und dabei Ihre Interessen vertreten. Dies kann zu besseren Konditionen und einem höheren Verkaufspreis führen.

Ebenso erzeugt die Zusammenarbeit mit einem Makler ein Gefühl der Sicherheit und bietet Ihnen die Vertrauensgrundlage, dass sich Ihre Immobilie in guten Händen befindet. Als Vermittler zwischen Ihnen und potenziellen Käufern führt der Makler Besichtigungen durch, koordiniert Termine und unterstützt Sie bei allen rechtlichen Angelegenheiten. Sie können sich auf die Erfahrung und Expertise Ihres Maklers verlassen und so den Verkaufsprozess reibungslos und stressfrei gestalten.

5.1   Fallstricke und Knebelverträge: So schützen Sie sich

So vorteilhaft die Zusammenarbeit mit einem Experten auch ist, so gibt es dennoch einige Hinweise, die Sie beachten sollten, um unseriöse Makler oder Maschen zu identifizieren.

Um sich zu schützen, sollten Sie unbedingt die Vertragsbedingungen des Maklers hinterfragen. Knebelverträge sind zwar nicht mehr zeitgemäss, jedoch kommen sie noch immer häufig vor. Diese Verträge sind lediglich zugunsten der Makler und nicht zugunsten der Kunden ausgelegt.

Achten Sie darauf, dass Sie jederzeit das Recht haben, die Zusammenarbeit zu beenden.

Denn wenn der Makler nicht zu Ihrer Zufriedenheit arbeitet, sollten Sie nicht noch mehrere Monate gebunden sein oder bezahlen müssen, sondern unkompliziert den Makler wechseln können.

Bei Schenk Immobilien Bern legen wir besonderen Wert darauf, unsere Kunden transparent miteinzubeziehen und maximale Entscheidungsfreiheit zu bieten. Wir verzichten bewusst auf Knebelverträge und setzen stattdessen auf eine vertrauensvolle Zusammenarbeit. Unsere Provision erhalten wir erst, wenn wir Ihre Immobilie erfolgreich zu Ihrem Wunschpreis verkauft haben. Vorher gehen wir uneingeschränkt mit allen Services in Vorleistung. Darüber hinaus ist unsere Zusammenarbeit jederzeit flexibel und kostenfrei kündbar.

EXPERTEN-TIPP:

„Lassen Sie sich nicht von scheinbar attraktiven Angeboten überwältigen und nehmen Sie sich ausreichend Zeit, um die Vertragsbedingungen gründlich zu prüfen. Es ist wichtig, dass Sie vollständig verstehen, welche Verpflichtungen Sie eingehen und welche Konsequenzen der Vertrag für Sie haben könnte."

5.2 Die Vorteile einer professionellen Zusammenarbeit mit Schenk Immobilien Bern

Uns, von Schenk Immobilien Bern, ist an dieser Stelle ganz wichtig zu erwähnen, dass es da draussen neben den Schwarzen Schafen auch wirklich gute und loyale Immobilien-Profis gibt. In unserer Arbeit mit vielen hunderten Kunden haben wir uns immer an einen einfachen Leitsatz gehalten: Wie möchte ich als Kunde behandelt werden, wenn es um den Verkauf oder Kauf meiner eigenen Immobilie geht?

Vor über 20 Jahren habe ich, Geschäftsführer Stephan Schenk, es mir zur Aufgabe gemacht, Menschen, die ihre Immobilie verkaufen möchten, den Wert ihrer Liegenschaft erfahren wollen oder Beratungsbedarf haben, bei allen Wegen mit meinem Know-how zur Seite zu stehen. Dabei war es mir von Anfang an ein Anliegen, eine vertrauensvolle und transparente Beziehung zu unseren Kunden aufzubauen. Denn das hilft uns dabei, die individuelle Situation eines Kunden wirklich zu verstehen und uns so direkt seinen Wünschen und Bedürfnissen annehmen zu können.

Unsere Arbeit für Sie reicht von der Immobilienbewertung und der Erstellung von virtuellen 360°-Rundgängen über die Publikation Ihres Objekts und der Organisation von Besichtigungsterminen bis zur Abwicklung mit den Behörden und den Verkaufsgesprächen. Also gewissermassen ein "Rundum-sorglos-Paket".

Mein Team und ich versprechen Ihnen, Sie im Verkauf zu 100 Prozent zu unterstützen, Ihnen mit Rat und Tat zur Seite zu stehen und Ihnen die anfallenden Aufgaben zuverlässig abzunehmen. Gemeinsam sorgen wir dafür, dass Ihr Immobilienverkauf reibungslos sowie stressfrei vonstattengeht und Ihnen als Erfolgserlebnis in Erinnerung bleibt.

5.3 Ein Vorgehen, das sich bewährt hat: 3-B-Verkaufsformel: „Bewerten, Bewerben und Betreuen"

Bei Schenk Immobilien Bern setzen wir auf eine bewährte Methode, um den Verkauf Ihrer Immobilie zum Erfolg zu führen – die 3-B-Verkaufsformel: „Bewerten, Bewerben und Betreuen". Dieser einfache, aber effektive Leitsatz hat sich als äusserst wirksam erwiesen und ermöglicht es uns, den bestmöglichen Preis für Ihre Immobilie zu erzielen, ohne dass Sie damit mehr Aufwand als nötig haben.

Bewerten

Für einen optimalen Verkauf ist eine realistische Immobilienbewertung essenziell. Um einen fairen und attraktiven Verkaufspreis für Ihre Immobilie zu erzielen, führen wir eine gründliche Bewertung durch. Wir analysieren kontinuierlich den lokalen Immobilienmarkt und haben ein Auge auf die Verkäufe der letzten fünf Jahre. So können wir Ihnen garantieren, dass Ihre Immobilienbewertung sowohl der Immobilie selbst als auch dem Angebot, der Nachfrage sowie den lokalen Gegebenheiten entspricht.

Bewerben

Dank moderner Marketingstrategien wird Ihre Immobilie hochwertig und attraktiv von uns auf dem Markt präsentiert. Durch die Sichtbarkeit auf allen relevanten Plattformen und sogar einer eigenen Website stellen wir sicher, dass Ihre Immobilie online und offline überzeugt. Ansprechende Verkaufsunterlagen inklusive – natürlich ohne zusätzliche Kosten für Sie.

Betreuen

Durch unsere professionelle Beratung und lückenlose Betreuung werden aus Interessenten überzeugte Käufer. Wir wissen, dass der Verkaufsprozess einige Herausforderungen mit sich bringen kann, daher unterstützen wir Interessenten bei allen Fragen und Anliegen rund um den Immobilienkauf. Denselben Anspruch haben wir auch für die Betreuung unserer Verkäufer. Mit Transparenz, direkter Kommunikation und einem hohen Mass an Entscheidungsfreiheit sorgen wir dafür, dass der Immobilienverkauf für Sie zum Erfolgserlebnis wird.

5.4   Checkliste

Sie haben an dieser Stelle des Ratgebers schon viel darüber gehört, welche Vorteile, aber auch Risiken die Zusammenarbeit mit einem Immobilienmakler oder einer Immobilienmaklerin bereithält. Die Frage ist nun: Wie können Sie einen Experten finden, der seriös ist, Ihre Situation respektiert und den Immobilienverkauf zu Ihrer Zufriedenheit ausführt?

Wichtig ist, sich zu informieren, welche Erfahrungen andere Verkäufer bereits mit dem Makler, der für Sie infrage kommt, gemacht haben. Dazu sehen Sie sich am besten unterschiedliche Rezensionen an. Diese finden Sie entweder auf unabhängigen Bewertungsplattformen wie Google Bewertungen oder Provenexpert.

Viele Immobilienexperten stellen auch einige Referenzen auf ihrer eigenen Website zur Schau, allerdings werden diese meist explizit vom Experten selbst ausgewählt. Hier kann die Gefahr bestehen, dass die Rezensionen auf der Website sehr positiv ausfallen, bei einem unabhängigen Portal aber eher negativ. Deshalb empfehle ich: Nutzen Sie lieber unabhängige Bewertungsquellen und informieren Sie sich auf mehreren Portalen.

Ein weiterer Indikator für einen erfahrenen Immobilienmakler ist ein langjähriges Bestehen. Makler, die bereits eine längere Zeit in der Immobilienbranche tätig sind, haben schon eine Vielzahl an Kunden bedient, wie auch Immobilientransaktionen durchgeführt. Diese Erfahrung ermöglicht es ihm, den Markt genau zu verstehen, auf unerwartete Herausforderungen professionell zu reagieren und Sie durch den gesamten Verkaufsprozess kompetent zu begleiten. Ein erfahrener Makler kann ausserdem wertvolle Einblicke und Ratschläge bieten, die auf langjährigen Beobachtungen von Markttrends und Kundenbedürfnissen basieren. Doch nicht jeder Makler, der erst kürzlich in das Immobiliengeschäft eingestiegen ist, ist auch automatisch ein schlechter Makler. Hier müssen Sie auf andere Seriositäts-Aspekte Wert legen.

Im Folgenden finden Sie eine Checkliste, die Ihnen dabei hilft, einen seriösen und kompetenten Immobilienexperten auszuwählen.

☐ Auf das Bauchgefühl achten: Ist Ihnen der Makler sympathisch? Strahlt er Ruhe und Kompetenz aus? Erscheint Ihnen alles schlüssig und realistisch?

☐ Fragen vorbereiten: Stellen Sie Fragen zu Erfahrung, Expertise und Verkaufsstrategie des Maklers. Lassen Sie sich alle Aspekte des für Sie interessanten Angebots genau erklären.

☐ Definition der Kosten: Achten Sie darauf, dass alle anfallenden Kostenpunkte wie die Provision direkt festgelegt werden und nicht an bestimmte Laufzeiten oder Daten geknüpft sind.

☐ Prüfung der Vertragsbedingungen: Nachdem Sie den Vertrag erhalten haben, lesen Sie ihn gründlich durch. Wenn möglich, legen Sie ihn kurz einem Anwalt zur Sichtung vor. Kommt Ihnen etwas komisch vor oder verstehen Sie bestimmte Punkte nicht, wenden Sie sich noch einmal an den Makler oder einen anderen Immobilienexperten. Gegebenenfalls lassen Sie lieber von dem Angebot ab.

☐ Referenzen und Kundenbewertungen durchsehen: Schauen Sie sich die Kundenbewertungen am besten auf einem unabhängigen Portal wie Google Bewertungen oder Provenexpert an. Bestätigen die Rezensionen sich gegenseitig oder gibt es ein starkes Gefälle von sehr guten bis sehr schlechten Rezensionen?

☐ Klärung der Rolle des Maklers: Besprechen Sie mit Ihrem Makler genau, welche Aspekte des Verkaufs er übernehmen soll. Legen Sie bestimmte Kommunikationskanäle zwischen Ihnen und dem Makler fest, damit es nicht zu Missverständnissen oder langen Kommunikationswegen kommt.

Seit 1999 bin ich, Stephan Schenk, Geschäftsführer von Schenk Immobilien Bern, erfolgreich im Immobilienmarkt tätig und stolz darauf, zahlreiche positive Kundenbewertungen vorweisen zu können. Mit meiner langjährigen Erfahrung und fundierten Marktkenntnis stehe ich Ihnen gerne zur Seite, um den bestmöglichen Preis für Ihre Immobilie zu erzielen.

Lassen Sie uns gemeinsam den Verkauf Ihrer Immobilie erfolgreich gestalten.

Besuchen Sie meine Website unter: www.schenk-immo.ch/immobilienmakler-thun/ oder rufen Sie mich für ein unverbindliches Beratungsgespräch unter der Nummer 031 503 11 99 an. Ich freue mich darauf, Sie zu unterstützen!

6   Erfolgsfaktoren und Stolpersteine

Um Ihre Immobilie erfolgreich und stressfrei zu verkaufen, sollten Sie sich bewusst werden, dass es gewisse Faktoren gibt, die den Verkauf begünstigen und solche, die ihn behindern.

Elemente wie die richtige Preisgestaltung, eine effektive Vermarktungsstrategie und eine sorgfältige Vorbereitung sind unerlässlich für einen reibungslosen Verkauf. Doch wodurch könnte ein Verkauf ins Stocken geraten? Häufige Gründe sind rechtliche Fallstricken, unvorhergesehene Marktschwankungen oder Veränderungen Ihrer individuellen Situation. Doch wenn man diese Aspekte versteht und entsprechende Massnahmen kennt, die man ergreifen kann, steht einem erfolgreichen Immobilienverkauf nichts mehr im Weg!

6.1   Die 10 häufigsten Stolpersteine beim Immobilienverkauf

Mit meiner über 20-jährigen Erfahrung in der Immobilienbranche begleite ich Menschen beim Verkauf ihrer Immobilie. Dabei beobachte ich häufig, wie sich dieselben Fehlerquellen und Unstimmigkeiten beim Privatverkauf immer wieder einschleichen. Damit Sie davor gefeit sind, habe ich Ihnen im Folgenden eine Liste der relevantesten Stolpersteine zusammengestellt.

1. Falsche Preisgestaltung
2. Mangelnde Vorbereitung und Präsentation
3. Rechtliche Fallstricke und unvollständige Unterlagen
4. Ungenügende Vermarktung und Werbung
5. Schwierige Verhandlungen mit potenziellen Käufern
6. Unangemessene Reaktion auf Marktschwankungen
7. Zeitdruck und unzureichende Planung
8. Fehlende Flexibilität bei der Preisgestaltung
9. Mangelnde Kommunikation zwischen den Parteien
10. Unvorhergesehene persönliche Umstände

6.2 Schritte zum Erfolg

Der Weg zu einem erfolgreichen Immobilienverkauf führt über eine gründliche Vorbereitung und eine durchdachte Strategie. Dabei ist es einerseits essenziell, exakte Zahlen wie den Immobilienwert zu kennen, andererseits sind aber auch viel Menschlichkeit und Geduld im Kontakt mit Interessenten gefragt. Jedes Detail trägt zum bestmöglichen Verkaufserfolg bei. Durch die richtige Herangehensweise und je nach Bedarf auch professionelle Unterstützung können Sie Ihren Immobilienverkauf reibungslos realisieren. Im Folgenden finden Sie eine Zusammenfassung der wichtigsten Elemente im Immobilienverkauf.

Vorbereitung der Unterlagen: Stellen Sie alle erforderlichen Unterlagen für den Verkauf zusammen, einschliesslich Grundbuchauszug, Angaben zur Gebäudeversicherung, Energieausweis (wenn nötig), Grundrisse und Angaben zu bereits durchgeführten Renovationen.

Realistische Preisgestaltung: Ermitteln Sie einen realistischen Wert Ihrer Immobilie unter Berücksichtigung des aktuellen Marktes.

Optimierung der Immobilie: Nehmen Sie kleinere Reparaturen und kosmetische Verbesserungen vor, um den Wert Ihrer Immobilie zu steigern.

Effektive Vermarktungsstrategie: Nutzen Sie verschiedene Kanäle wie Online-Anzeigen, Social Media und Immobilienportale, um Ihre Immobilie einem möglichst breiten Publikum zu präsentieren.

Hochwertige Fotos und Exposés: Investieren Sie in professionelle Fotos und ansprechende Exposés, um das Interesse potenzieller Käufer zu wecken.

Offene Kommunikation: Halten Sie potenzielle Käufer über den Verkaufsprozess auf dem Laufenden und beantworten Sie ihre Fragen ehrlich, transparent und zeitnah.

Flexibilität bei Besichtigungen: Seien Sie bereit, potenzielle Käufer zu verschiedenen Zeiten zu empfangen und ihnen eine gründliche Führung durch die Immobilie zu ermöglichen.

Verhandlungsgeschick: Seien Sie flexibel und offen für Verhandlungen, um den Verkaufsprozess bestmöglich durchführen zu können.

Professionelle Unterstützung: Ziehen Sie bei Bedarf einen Immobilienexperten hinzu, der Sie während des gesamten Verkaufsprozesses unterstützt und berät.

Abschluss und Übergabe: Stellen Sie sicher, dass alle Verträge ordnungsgemäss abgeschlossen und alle erforderlichen Formalitäten erledigt sind, bevor Sie die Immobilie an den Käufer übergeben.

Um all diese Schritte optimal zu meistern, empfiehlt sich die Zusammenarbeit mit einem erfahrenen Immobilienmakler. Wir, von Schenk Immobilien Bern, übernehmen für Sie:

- Die genaue Bewertung Ihrer Immobilie
- Die Erstellung eines massgeschneiderten Vermarktungskonzepts
- Die professionelle und hochwertige Präsentation Ihrer Immobilie
- Die Verhandlungen mit potenziellen Käufern
- Die gesamte Abwicklung bis hin zur Schlüsselübergabe

Mit unserer Expertise und unserem umfangreichen Netzwerk sorgen wir dafür, dass Ihr Immobilienverkauf reibungslos und erfolgreich verläuft. Verlassen Sie sich gerne auf uns, damit Sie sich entspannt zurücklehnen können.

7 Fazit

Wie Sie gelesen haben, ist der Immobilienverkauf kein einfaches Thema. Es ist eine komplexe Aufgabe, die viel Planung, Vorbereitung und Durchhaltevermögen erfordert.

Wir hoffen, dass Ihnen dieser Ratgeber dabei geholfen hat, sich besser auf Ihren Immobilienverkauf, sei er nun privater Natur oder anhand professioneller Unterstützung, vorzubereiten, mögliche Herausforderungen zu meistern und in der Entscheidungsfindung zu unterstützen.

Denken Sie daran, wir von Schenk Immobilien Bern sind immer für Sie da, um Sie bei Ihrem Verkaufsvorhaben zu unterstützen und Ihnen mit Rat und Tat zur Seite zu stehen. Sollten Sie Fragen zu Ihrem Immobilienverkauf haben oder unsere Expertise anderweitig benötigen, können Sie sich gerne jederzeit kostenfrei und unverbindlich an uns wenden.

Sie haben sich entschlossen, Ihre Immobilie zu verkaufen?

Dann gehen Sie jetzt den ersten Schritt und verschaffen Sie sich einen Überblick über den derzeitigen Marktwert Ihrer Immobilie.

Nutzen Sie dafür gerne unsere kostenlose Online-Immobilienbewertung unter www.schenk-immo.ch/immobilienbewertung.

Vielen Dank, dass Sie diesen Ratgeber bis zum Ende durchgelesen haben.

Wir freuen uns, wenn Sie die Informationen und Ratschläge für Ihre Situation nutzen und nun eine fundierte Entscheidung auf Grundlage echtem Expertenwissen treffen können.

Falls Sie weiterführende Fragen haben, zögern Sie bitte nicht, sich bei mir zu melden.

Ihr Stephan Schenk
Ich freue mich auf Ihre Kontaktaufnahme!

   031 503 11 99

   kontakt@schenk-immo.ch